Leider hab' ich von Natur

Und mein Onkel Waldemar hätte lieber glattes Haar

Meine Freundin Monalies wünscht sich Augen in Türkis

Unserm Kater Manuel ist das Fell am Kopf zu hell

Viele Mädchen aus dem Haus

Und die Jungs von nebenan

Manche Leute fi...
hintenrum zu...
wieder andre wo...
einen langen W...
oder lieber keine Rippen o...
oder dicke Schulterpacken...
oder Beine wie ein Baum...
wollen dünn sein u...
hätten lieber st...
oder schwere Muskelmassen...
und die Nase glatt wie Stein...
Und die Wan...

len sich
kümmerlich
en auch
aschbrettbauch
r auch verstärkte Lippen
er einen braunen Nacken
der Haare wie aus Schaum
e ein Faden
mme Waden
der Augen groß wie Tassen
mit den Löchern extra klein
gen etwas breiter...

Und er findet:

Eins ist wichtig...

Wie ein Pinguin

Mein Kumpel Ronni

~~hat ein~~ ist wie ein Pony

Meine Tante Anne-Lene trägt eine gelbe Löwenmähne

Seine Mutter Rachel Striegel hustet wie ein Stacheligel

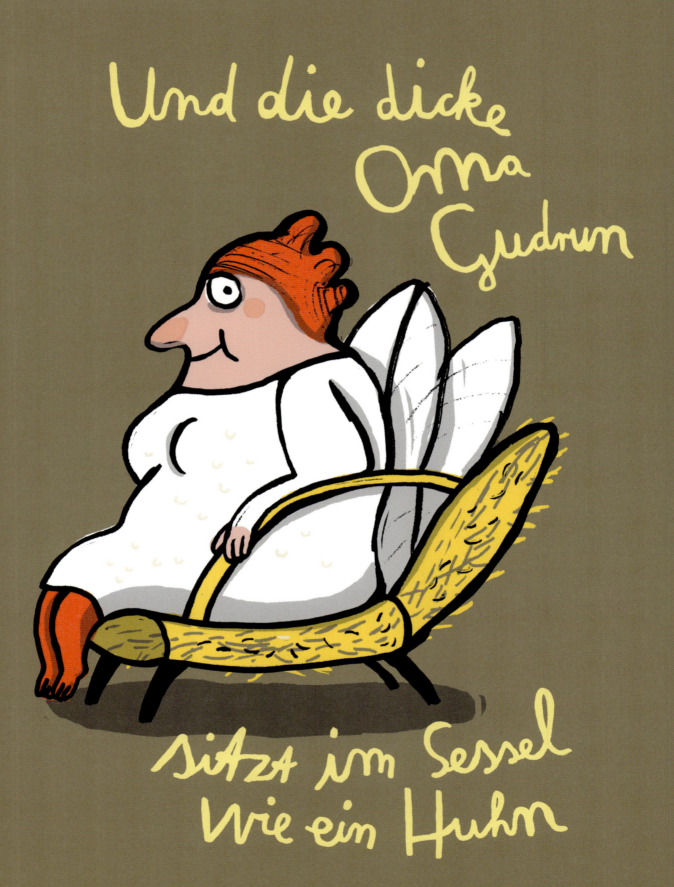

gehen wir zu mir nach Haus

noch andre Leute

Auf keinen Fall will ich ins All!

Meine Freundin Desiree

will nach Norden in den Schnee

Papas bester Freund Guiseppe →

will nach Osten in die SAeppe

Meine wilde Tante Anne

möchte mal in die Savanne

Nadia Budde, geboren 1967 in Berlin, studierte Grafik in Berlin und London. Ihr erstes Bilderbuch *Eins zwei drei Tier* (1999) gewann den Deutschen Jugendliteraturpreis und den Oldenburger Kinder- und Jugendbuchpreis, *Trauriger Tiger toastet Tomaten* (2000) wurde mit dem Troisdorfer Bilderbuchpreis und dem Luchs der Jury von ZEIT und Radio Bremen ausgezeichnet. Im Peter Hammer Verlag erschienen außerdem *One two three me, Kurz nach sechs kommt die Echs, Flosse, Fell und Federbett, Unheimliche Begegnungen auf Quittenquart, Außerdem sind Borsten schön, Und irgendwo gibt es den Zoo und Auf keinen Fall will ich ins All.* Ihr neuestes Bilderbuch *Vor meiner Tür auf einer Matte* erschien im Frühjahr 2016. Nadia Budde lebt mit ihrer Familie in Berlin.

Limitierte Sonderausgabe der Bände *Und außerdem sind Borsten schön, Und irgendwo gibt es den Zoo, Auf keinen Fall will ich ins All.*

© Nadia Budde
© Peter Hammer Verlag GmbH, Wuppertal 2016
Alle Rechte ausdrücklich vorbehalten
Lithos: Peter Karau GmbH, Bochum
Druck: Livonia Print
ISBN 978-3-7795-0554-9
www.peter-hammer-verlag.de